En la escuela

SELECTOR
actualidad editorial

SELECTOR
actualidad editorial
Doctor Erazo 120 Colonia Doctores 06720 México, D.F.
Tel. 55 88 72 72 Fax. 57 61 57 16

MIS VALORES EN LA ESCUELA
Autora: Tere de las Casas
Colección: Mis valores

Diseño de portada: Carlos David Bustamante Rosas
Ilustración de interiores: Carlos David Bustamante Rosas

D.R. © Selector, S.A. de C.V. 2006
            Doctor Erazo, 120, Col. Doctores
            C.P. 06720, México, D.F.

ISBN-13:978-970-643-940-6
ISBN-10:970-643-940-4

Primera reimpresión. Marzo de 2006.

Sistema de clasificación Melvil Dewey
395
C11
2006   Tere de las Casas.
          Mis valores en la escuela. / Tere de las Casas . —
          México, D.F.: Selector, S. A. de C.V., 2006.
          72 p.

          ISBN: 970-643-940-4

          1. Buenas costumbres. 2. Narrativa.
          3. Literatura infantil.

Índice

Sofía la apretada

Mi nombre es Sofía y estoy en quinto año de primaria. Antes de que ocurriera lo que voy a contarte, estaba muy confundida porque lo que me decían los mayores era muy distinto de lo que ocurría en la realidad.

—Debes estudiar mucho, portarte bien y ser una niña obediente. A los niños que no son así, nadie los quiere y les va muy mal en la vida.

7

Yo siempre sacaba excelentes calificaciones, obedecía sin protestar y me portaba muy bien.

Sin embargo, me iba mal y, lo que es peor, nadie me quería: Todos pensaban que era una niña sangrona y apretada.

La gente cree que los niños más aplicados son los consentidos de sus maestros, pero te aseguro que eso no es siempre cierto. En tercer año, tuve la mala suerte de que me tocara una maestra a la que le caía mal. Cuando hacía alguna pregunta, yo era la primera en levantar la mano, pero la maestra me decía:

—¡Tú cállate la boca!

Pues ni modo que me callara las manos, pensaba.

Aunque la maestra quería darles la oportunidad de contestar a los otros alumnos, yo me daba cuenta de que le era antipática.

A mis compañeros les caía gordísima; decían que era una presumida, pero yo no estudio por presunción sino porque me gusta mucho aprender cosas nuevas.

Los niños y las niñas de mi salón copiaron la frase de la maestra: cada vez que quería jugar con ellos o me les acercaba para platicar, me gritaban:

—¡Tú cállate la boca!

Después se reían, me daban la espalda y me dejaban sola.

Como no tenía con quién divertirme, la hora del recreo era muy triste para mí. Dejé de intentar hacerme amiga de alguien y, cuando sonaba la campana, esperaba a que todos salieran del salón y me ponía a leer algo que me ayudara a olvidar mi soledad. Pero sólo muy pocas veces logré que los cuentos que leía me llevaran a un mundo bonito, donde todo se resuelve felizmente. La mayoría de las veces, mis ojos se llenaban de lágrimas cuando apenas empezaba a leer, y no podía distinguir las letras. Entonces dejaba el libro,

recostaba la cabeza sobre la paleta de la banca y lloraba todo el tiempo que duraba el recreo. ¡Qué injusto me parecía que, mientras yo sufría tanto, llegaran a mis  oídos las risas y los gritos de los niños y las niñas que jugaban y se correteaban en el patio! Cuando una persona sufre, los demás guardan silencio por respeto, ¡pero yo tenía que soportar las mayores muestras de alegría de mis compañeros!

—¿Por qué tengo que pagar un precio tan alto por mis buenas calificaciones? —me preguntaba con una mezcla de rabia y tristeza—. ¡No es cierto lo que me han enseñado los adultos! ¡A los niños aplicados y obedientes les va peor que a todos!

Así, la escuela, que es el lugar donde más feliz debe sentirse una niña que ama el conocimiento, para mí era el peor de los sitios, porque sufría el rechazo y el abandono de todos.

Sofía sabelotodo

Tampoco era feliz en mi casa. Mis papás estaban muy orgullosos de mis magníficas calificaciones y **me trataban con mucho cariño,** pero Mario, mi único hermano, me odiaba porque siempre lo comparaban conmigo y lo regañaban por no ser tan aplicado como yo.

Amor: afecto profundo e intenso por otras personas u otros seres vivos.

17

Además, se sentía doblemente humillado pues yo era más chica y mujer: Los niños siempre quieren sentirse superiores a las niñas.

Si mis papás me premiaban con un paseo o un juguete, mi hermano se enojaba tanto que mi premio me sabía amargo.

Cuando yo terminé el tercer año de primaria y mi hermano el quinto, fuimos con mi mamá a recoger nuestras boletas.

Primero se la dieron a él y mamá lo regañó porque pasó de panzazo. Después fuimos por la mía y, en el momento en que la maestra me la dio, me puse tan

roja que sentí muchísimo calor en la cara: ¡me dio culpa y vergüenza que mi boleta estuviera completamente llena de dieces! La cara de mamá, por el contrario, se iluminó de orgullo y alegría. Sin apartar los ojos de la boleta, exclamó con una enorme sonrisa:

—¡Promedio de diez!

Como estábamos en mi salón, todos mis compañeros y sus

mamás o papás, la voltearon a
ver. Aunque yo tenía la cabeza
agachada para que no se dieran
cuenta de que estaba roja, pude
sentir las miradas de coraje y
envidia que me lanzaron los
niños y las niñas, y tal vez
también algunos de los adultos.

En el camino de regreso a casa, mi hermano iba furioso, oyendo el clásico sermón de mamá:

—Mario, ¿no te da vergüenza que tu hermana menor te ponga el ejemplo de estudio y esfuerzo? ¿Qué va a ser de ti si sigues tan mal en la escuela? ¿Crees que siendo tan desobligado lograrás algún día terminar una carrera? Si continúas así, no vas a sacar ni el certificado de secundaria.

Él no decía nada y apretaba los puños con muchísima rabia, como si quisiera pegarme.

Yo deseaba que mamá se callara de una vez por todas, pero cuando se enoja no deja de hablar:

—Nada más te la pasas patinando y pateando la pelota. ¿Cuándo vas a madurar? ¡La vida no es jugar! ¡Hay que trabajar muy duro y esforzarse mucho para conseguir lo que uno desea!

El camino a casa se me hizo eterno. Fue una verdadera tortura. Cuando por fin llegamos, corrí a mi cuarto, cerré la puerta con seguro, me acosté en la cama bocabajo y me eché a llorar.

—¡Ya no quiero seguir sintiéndome culpable! —grité—. Juro que el próximo año me convertiré en la más burra de las burras. ¡Jamás volveré a estar en el cuadro de honor! No estudiaré nunca más, ni volveré a hacer una sola tarea. Voy a pasarme las

tardes patinando con mi hermano y así lograré que me quiera mucho. ¡Prometo que voy a reprobar el cuarto año dos veces!

Furiosa, me levanté de la cama, arrojé al piso todos mis libros y los patee y pisotee.

—¡Los odio! —les gritaba—. ¡Los odio!

Después me puse a arrancarles las páginas.

—¡Todo lo que me han enseñado sólo me ha servido para que los demás me odien! ¡Ahora soy yo la que los odio!

Me ensañé con mi libro favorito de cuentos, no sólo le arranqué

las hojas, sino que las rompí y las arrugué con mucha rabia. Era el libro que más odiaba, porque todos sus cuentos terminaban con un final feliz.

—¡Son puras mentiras! —les decía a las páginas del libro—. ¡La vida no tiene principios ni finales felices! ¡Ya no voy a permitir que sigan engañándome con sus cuentos bonitos!

Mamá escuchó mis gritos y empezó a golpear la puerta:

—¡Sofi, Sofi! ¿Qué te pasa? —gritó muy preocupada.

Yo no contesté y, rápidamente, eché debajo de la cama los libros rotos y pisoteados.

—¡Abre la puerta!

—¡Ya voy!

Cuando todos mis libros destrozados quedaron bien ocultos, me sequé las lágrimas y abrí la puerta.

—¿Qué te pasa? —me preguntó.

No pude responder, porque volví a llorar.

Ella me abrazó y me preguntó:

—¿Te sientes mal? ¿Estás enferma?

Yo no dejaba de llorar y me tardé un buen rato en calmarme lo suficiente para poder explicarle lo que me pasaba. Pero, como el llanto no paraba, a veces no me entendía y tenía que volver a decirlo.

Después de que comprendió todo, me dijo:

—Perdóname por favor, hijita. ¡Soy una insensible! ¡Cómo no me doy cuenta del daño que les estoy haciendo a ti y a tu hermano! A él lo regaño y te pongo como ejemplo, sin darme

cuenta de que provoco una rivalidad entre ustedes. **Los hermanos deben amarse,** ¡no ser **rivales!**

FRATERNIDAD: amor entre hermanos. Amar a los demás como si fueran nuestros hermanos.

Se sintió tan mal que también lloró.

—Te prometo que no vuelvo a compararlo contigo, mejor **voy a ayudarlo para que mejore sus calificaciones**.

SOLIDARIDAD: ayudar y apoyar a otros en sus problemas.

Cuando papá regresó del trabajo, mamá le platicó lo que había ocurrido y él también habló conmigo:

32

—Hija, tu mamá y yo hemos cometido un error muy grave. **Perdónanos, por favor, no volveremos a hacerlo.**

Después, los dos hablaron con Mario y le prometieron ayudarlo a estudiar y a hacer sus tareas.

A partir de entonces empezamos a llevarnos mejor y, durante las vacaciones, por primera vez después de muchos años, jugamos y patinamos juntos.

En esa misma época sucedió algo que volvió a provocarme problemas: *Radio Estupenda* regaló mochilas con todos los útiles escolares a los estudiantes de primaria que, en el año escolar anterior, habían sacado promedio de diez.

La recompensa a mi dedicación se convirtió en una desgracia: Cuando entré al cuarto año, los niños y las niñas de mi escuela y ¡hasta los que me veían en la calle!, me señalaban con burla y gritaban:

—¡Mira! ¡Ahí va "La Estupenda"!

La mochila tenía un enorme logotipo de *Radio Estupenda*, no

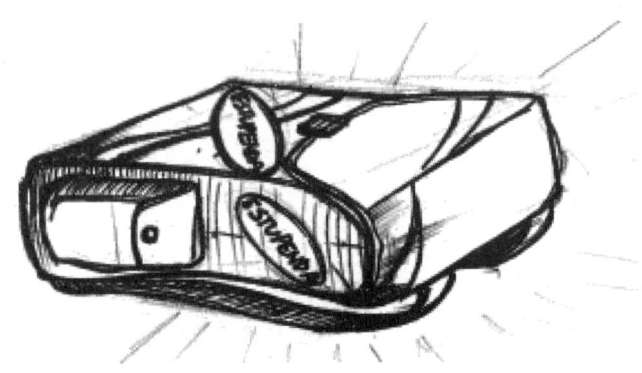

había manera de ocultarlo, y mi mamá no quiso comprarme otra.

—Debes llevar tu mochila con orgullo —me dijo—. ¡Qué importa que te griten cosas los niños envidiosos!

Volví a tener problemas con Mario porque, aunque ya no lo comparaban conmigo, él seguía sacando malas calificaciones y le daba mucho coraje que yo continuara siendo la mejor de mi

salón. Me
molestaba
mucho y
¡también me
llamaba
"Estupenda"!
Yo no me
dejaba y
peleábamos
todos los días.

Un día que
estaba triste
porque me
sentía muy sola, encontré a un
niño detrás de una barda, cerca de
un basurero, con una mochila
igual a la mía. Estaba tratando de
quitarle el logotipo.

—No se puede —le dije, y me senté en el piso, a su lado.

Me dio mucho gusto conocer a alguien que se sentía igual de mal que yo, porque podría comprenderme como nadie más.

—¿Eres otra "Estupenda"? —me preguntó él, al ver mi mochila.

Yo asentí tristemente con la cabeza y dije:

—Preferiría que me llamaras Sofía.

Sentí muy bonito cuando sonrió y me dijo:

—Mucho gusto, Sofía. Yo me llamo Adrián.

Le di un beso en la mejilla y luego comenté:

—También traté de arrancarle el logotipo a mi mochila, pero está demasiado pegado.

—¿Y si las pintamos? —preguntó él.

Me encogí de hombros y respondí:

—Ya es demasiado tarde, todos nos tienen bien

identificados. Eso debimos hacerlo a principios de año.

Nos quedamos un rato callados y luego dije:

—Lo que tendríamos que hacer para que nos aceptaran, es reprobar, portarnos mal, decir mentiras.

—Sí, así les caeríamos bien a todos —aseguró Adrián—. El niño más popular de mi salón es grosero, burlón, no ha aprendido nada en todo el año, y creo que en ningún otro año. Nunca hace la tarea y ya lo han suspendido dos veces. ¡Y vieras cómo lo quieren todos!

—¿Y a ti? —le pregunté.

—A mí me odian —respondió él, con rabia y tristeza.

—A mí también, y aunque sé que me tienen envidia, no puedo evitar sentir que soy una persona detestable, que tengo algo repugnante que hace que todos me rechacen.

—Yo me siento igual; lo peor
es que, mientras más sufro,
mejores calificaciones saco,
porque en los libros encuentro los
amigos que no tengo.

A partir de entonces,
empezamos a acompañarnos y ya
no nos sentimos tan solos ni
despreciados. Durante cierto
tiempo fue mi único amigo

pero, ahora que ya tengo muchos, a él lo considero **mi mejor amigo**.

Un día, mi maestra decidió pasarme al año siguiente porque pensó que ya no tenía nada qué aprender con ella.

¡Eso fue espantoso para mí! A mis nuevos compañeros les daba

mucho coraje que los superara, a pesar de ser menor que ellos.

Entonces se aprovecharon de ser más fuertes y más altos, me escondían mis cosas, no me dejaban entrar al salón, me empujaban, me quitaban mi mochila y se la arrojaban unos a otros.

Una vez, Adrián pasó junto a mi salón y vio que estaban molestándome. Trató de defenderme pero, como también era más chico que ellos, le pegaron mucho. Los tres niños que lo lastimaron fueron suspendidos una semana. Para mí las cosas se pusieron peores:

¡Todos estaban enojados conmigo, como si hubiera sido mi culpa!

Una noche, me acosté y lloré hasta muy tarde, con la luz apagada y en silencio para no preocupar a mis papás.

—¿Qué hago? ¿Qué hago? —me preguntaba desesperada—. ¡No quiero que me sigan tratando mal! ¿Por qué no me quieren, si yo no los molesto?

Cuando ya no tuve más lágrimas, me puse a pensar en lo siguiente:

—Tengo edad para estar en cuarto año, pero me pasaron a quinto y sigo siendo la más aplicada. Eso quiere decir que soy muy inteligente, pero ¿para qué me sirven mi inteligencia y las muchas cosas que he aprendido si no puedo encontrar

la manera de ser aceptada y de relacionarme bien con mis compañeros? Hay niños que reprueban a cada rato, pero saben llevarse bien con todos. Eso quiere decir que, en ese sentido, son mucho más inteligentes que yo.

Entonces me acordé de que, una vez, mi tía Elisa me dijo que **hay muchos tipos de inteligencia**, y que **ninguna de esas inteligencias vale más que otra**.

INTELIGENCIA:
facultad
de comprender
y de conocer

Esos pensamientos me ayudaron a tranquilizarme y me quedé dormida.

En el momento en que sonó el despertador, me vino una idea a la mente. Me levanté muy contenta porque decidí ponerla en práctica ese mismo día.

Al llegar a clases le pedí a mi maestra, a la que, por cierto, sí le caía bien, que me dejara pasar al

frente porque quería decir algo
muy importante.

No quiero ni acordarme de lo
horrible que fue: los niños
chiflaron y me abuchearon hasta
que la maestra los calló.

Quedé parada frente a esos
niños y niñas grandotes que,
aunque ya no me decían cosas,

podía verles el coraje y el
desprecio en los ojos y en las
expresiones de sus caras. Estuve
a punto de echarme para atrás,
las piernas me temblaban, me
sudaban la cara y las manos y no
me salía ni un sonido de la boca.
Finalmente, me atreví a decir:

—Yo sé que ustedes no me
quieren. Anoche estuve llorando
por eso...

No pude continuar, porque la voz se me quebró y los ojos se me llenaron de lágrimas. A pesar de los muchos esfuerzos que hice para tranquilizarme, me solté llorando.

Los más atrevidos volvieron a chiflar y a abuchearme, pero noté que **casi todos se conmovieron**, incluso **se oyeron algunas voces que callaban a los que seguían molestándome**.

RESPETO: consideración hacia las demás personas. Permitir que expresen sus opiniones y tengan su propia manera de ser sin burlarse de ellas, juzgarlas ni criticarlas.

A lágrima suelta, les dije:

—Compañeros, **la envidia se acaba cuando cada persona descubre y desarrolla sus propias capacidades**.

GENEROSIDAD: alegrarse de las cosas buenas que tienen otros. Dar a los demás y compartir lo que se tiene sin esperar nada a cambio. (La generosidad es lo contrario de la envidia.)

Se escuchó la voz de un niño que gritó:

—¡No te tenemos envidia, niña presumida! ¡No te creas tanto!

La maestra lo calló y yo aproveché para limpiarme la nariz y secarme las lágrimas. Después, todavía un poco llorosa, continué:

—Yo no soy mejor que ninguno de ustedes, sólo tengo mejores calificaciones. Pero les apuesto que me superan en todo lo demás. Por ejemplo, unos son muy buenos para el deporte; otros, para dibujar, cantar, tocar un instrumento musical, recitar, inventar historias, contar chistes, cocinar, bordar, bailar, vender cosas, ¡qué sé yo! A todos los necesita la sociedad. No nada más hay intelectuales, también hay actores, cómicos, músicos, pintores, atletas, comerciantes, sastres, estilistas, cocineros, locutores, bailarines, etcétera. **Todos son igualmente valiosos y necesarios**.

Mis palabras tranquilizaron también a los más agresivos y revoltosos.

IGUALDAD: todos los seres humanos merecen los mismos derechos. Nadie debe ser discriminado por su religión, cultura, creencias, nacionalidad, sexo, edad, ni por ninguna otra razón. Debemos respetar las diferencias.

Me quedé callada un instante, porque noté que todos estaban reflexionando y no quise interrumpirlos. También la maestra parecía muy interesada y pensativa.

Para terminar, dije:

—Por favor, compañeros, ya no me maltraten. Yo no saco buenas calificaciones para molestarlos,

sino porque me gusta mucho estudiar. Ustedes tienen sus propias capacidades, yo no me sentiría ofendida si viera cómo las desarrollan. Además, puedo servirles para mejorar sus calificaciones, sobre todo en los trabajos en equipo.

Cuando terminé de hablar, todos aplaudieron, incluyendo a la maestra. Yo volví a llorar, pero ya no de dolor, sino de alegría. ¡Por fin había logrado ser aceptada y querida!

La maestra estaba tan conmovida que me abrazó.

SOLIDARIDAD

Su demostración de afecto me hizo llorar aún más.

Todavía estaba en los brazos de la maestra cuando Pamela pidió permiso para pasar al frente.

Ella me odiaba más que nadie porque, antes de que me pasaran a quinto año, era la más aplicada. Tenía un promedio de nueve punto siete y yo la superé con el mío, de diez. Sin embargo, también era aplicada para relacionarse, porque nunca la rechazaron sus compañeros.

La maestra le dio permiso y ella dijo:

—"La Estupenda" tiene razón.

Un niño gritó:

—Se llama Sofía.

Yo me sentí muy feliz de saber que me llamarían por mi nombre.

—Tienes razón, dijo Pamela. Perdón, debí decir: "Sofía tiene

razón". **Ella es igual a nosotros, no es mejor ni peor en nada. Todos somos iguales, porque somos seres humanos y porque tenemos los mismos derechos, pero, al mismo tiempo, somos diferentes, ya que cada uno tiene sus propias características.**

IGUALDAD

Todos aplaudieron y aprobaron las palabras de Pamela.

A partir de entonces, empezaron a tratarme bien. Nos unimos para hacer las tareas y **todos aprendieron** a desarrollar su propio talento.

APRENDIZAJE: adquirir conocimientos de una cosa.

Por ejemplo, para exponer un tema en clase, una niña cantó, un niño tocó un instrumento y otro hizo unos dibujos muy bonitos, por lo que todos mejoraron sus calificaciones.

También los niños más agresivos escubrieron que poseían muchas cualidades y que no tenían motivos para ser rebeldes y envidiosos.

CUALIDAD: lo que hace que una persona sea lo que es.

Le di la idea a Adrián y él también resolvió sus problemas con los niños y las niñas de su salón.

Por último, hablé con mi hermano y, poco después, una tarde en que mi papá lo regañaba porque había reprobado matemáticas, él lo interrumpió:

—Mira, papá —le dijo—. Yo sé que no me comparas con mi hermana para que no me enoje con ella, pero me doy perfecta cuenta de que quisieras que fuera tan estudioso como ella. Y lamento informarte que siempre voy a decepcionarte. **¿Por qué no mejor aprendes a valorar mis cualidades?** Yo soy un mal estudiante, pero soy un excelente futbolista,

RECONOCIMIENTO: valorar las cualidades de los demás.

patino mucho mejor que todos mis amigos y, ¿qué crees?, también soy muy simpático.

Papá no tuvo más argumentos para seguir regañándolo y sonrió. Después de todo, **esas cualidades son igualmente notables.**

Moraleja

Todos los seres humanos seríamos estupendos si desarrolláramos nuestras propias capacidades.

Las personas estupendas no envidian a nadie porque saben lo que valen y se sienten tan seguras que no tienen que presumir.

Los envidiosos son egoístas y los estupendos son generosos.

Valores morales
que se fomentan
en esta historia

APRENDIZAJE: adquirir conocimientos de una cosa.

AMISTAD: relación de afecto entre dos o más personas.

AMOR: afecto profundo e intenso por otras personas u otros seres vivos.

CUALIDAD: lo que hace que una persona sea lo que es.

FRATERNIDAD: amor entre hermanos. Amar a los demás como si fueran nuestros hermanos.

GENEROSIDAD: alegrarse de las cosas buenas que tienen otros. Dar a los demás y compartir lo que se tiene sin esperar nada a cambio. (La generosidad es lo contrario de la envidia.)

IGUALDAD: todos los seres humanos tienen los mismos derechos. Nadie debe ser discriminado por su religión, cultura, creencias, nacionalidad, sexo, edad, ni por ninguna otra razón. Debemos respetar las diferencias.

INTELIGENCIA: facultad de comprender y conocer.

PERDÓN: remisión de una deuda, eximir de una culpa.

RECONOCIMIENTO: valorar las cualidades de los demás.

RESPETO: consideración hacia las demás personas. Permitir que expresen sus opiniones y tengan su propia manera de ser, sin burlarse de ellas, juzgarlas ni criticarlas.

SOLIDARIDAD: ayudar y apoyar a otros en sus problemas.

Esta edición se imprimió en Marzo de 2006. Acabados Editoriales
Tauro. Margarita No. 84 Col. Los Ángeles Iztapalapa México, D.F.